하루 10분 사자소학 따라쓰기

키즈키즈 교육연구소 지음

미래주니어

차례

효행편(孝行篇)

효도가 무엇인지, 부모님에게 어떻게 효도를 해야 하는지 알려줘요.

매일 사자소학을 따라 쓰며
소중한 지혜를 배워 보세요!
따라 쓴 문장에는
☑ 표시하세요~

형제편(兄弟篇)

형제자매가 우애 있게 지내기 위해서
지켜야 할 미덕에 대한 이야기예요.

사제편(師弟篇)

스승의 역할과 제자가 스승을 어떻게
대해야 하는지에 대한 이야기예요.

제가편(齊家篇)

남편과 아내가 각자의 도리를 지켜 집안을 다스리는 방법을 알려줘요.

- ☐ 53. 夫婦之倫 二姓之合
  부부지륜　　이성지합
- ☐ 54. 内外有別 相敬如賓
  내외유별　　상경여빈
- ☐ 55. 夫道和義 婦德柔順
  부도화의　　부덕유순
- ☐ 56. 夫唱婦隨 家道成矣
  부창부수　　가도성의

붕우편(朋友篇)

붕우는 친구를 뜻하는 말로 친구와 관련된 가르침에 대한 내용이에요.

- ☐ 57. 人之在世 不可無友
  인지재세　　불가무우
- ☐ 58. 友其正人 我亦自正
  우기정인　　아역자정
- ☐ 59. 從遊邪人 我亦自邪
  종유사인　　아역자사
- ☐ 60. 白沙在泥 不染自汚
  백사재니　　불염자오
- ☐ 61. 近墨者黑 近朱者赤
  근묵자흑　　근주자적
- ☐ 62. 居必擇隣 就必有德
  거필택린　　취필유덕
- ☐ 63. 以文會友 以友輔仁
  이문회우　　이우보인
- ☐ 64. 朋友有過 忠告善導
  붕우유과　　충고선도

- ☐ 65. 人無責友 易陷不義
  인무책우　　이함불의
- ☐ 66. 面讚我善 諂諛之人
  면찬아선　　첨유지인
- ☐ 67. 面責我過 剛直之人
  면책아과　　강직지인
- ☐ 68. 言而不信 非直之友
  언이불신　　비직지우
- ☐ 69. 見善從之 知過必改
  견선종지　　지과필개
- ☐ 70. 擇而交之 有所補益
  택이교지　　유소보익
- ☐ 71. 悅人讚者 百事皆僞
  열인찬자　　백사개위
- ☐ 72. 厭人責者 其行無進
  염인책자　　기행무진

충효편(忠孝篇)

사람의 도리 중 충성과 효도에 대한 내용을 담고 있어요.

- ☐ 73. 學優則仕 爲國盡忠
  학우즉사　　위국진충
- ☐ 74. 敬信節用 愛民如子
  경신절용　　애민여자
- ☐ 75. 人倫之中 忠孝爲本
  인륜지중　　충효위본
- ☐ 76. 孝當竭力 忠則盡命
  효당갈력　　충즉진명

삶의 지혜와 올바른 성품을 길러 주는 〈하루 10분 사자소학 따라쓰기〉

마음과 행동의 지혜로운 가르침, 사자소학

사자소학(四字小學)은 옛날 어린이들이 서당에서 배우던 기초 교과서였으며, 생활 속에 필요한 예의범절과 인간관계 속에서 지켜야 할 도리를 알려주는 책입니다. 송나라 유학자인 주희의 《소학》과 기타 여러 경전의 가르침을 아이들이 이해하기 쉽게 네 글자의 한자로 만든 것입니다.

《사자소학》에는 부모님에 대한 효도, 형제자매 사이의 우애, 친구 간의 우정에 대해 알려주고, 스승과 제자, 남편과 아내, 어른과 아이 사이에서 지켜야 할 도리에 대해서도 알려줍니다. 사자소학은 삶의 지혜와 올바른 성품을 기르는 데 꼭 필요한 지침서입니다.

사자소학 따라쓰기로 바른 가르침을 마음에 새기세요.

〈하루 10분 사자소학 따라쓰기〉는 선현들의 바른 가르침을 읽고 따라 쓰면서 그 뜻을 이해할 수 있도록 구성했습니다. 사자소학의 한자와 뜻풀이를 실었으며, 원문에 담긴 속뜻을 어린이의 눈높이에서 알기 쉽게 설명했습니다.

사자소학은 예로부터 어린이들이 교양서처럼 익히던 책입니다. 오랜 시간이 흘렀지만 오늘날까지도 변함없는 선현들의 지혜를 매일 읽고 따라 쓰면서 마음에 새기길 바랍니다.

四字小學

'쓰기'는 초등 학습의 기본이 되는 교육 중 하나입니다.

초등학교에서 읽기, 쓰기, 말하기는 가장 기본적인 학습입니다. 자신의 생각을 바르게 전하기 위해서 바른 글씨체를 익히는 것은 필수입니다. 또한 글씨를 잘 쓰면 어릴 때나 어른이 되어서도 주변 사람들의 관심을 받게 되고, 자신감도 갖게 됩니다. 뿐만 아니라 글씨를 한 자 한 자 바르게 따라 쓰다 보면 산만한 마음을 가라앉게 해 주며, 집중력도 함께 길러져 학습에 필요한 기본기를 탄탄하게 다져 줍니다.

처음부터 바르게 익힌 예쁜 글씨체는 평생 훌륭한 자산이 됩니다. 〈하루 10분 사자소학 따라쓰기〉는 어린이들이 따라쓰기를 하며 자연스럽게 바르고 예쁜 글씨체를 익히도록 도와줍니다.

하루 10분씩 100일 동안 꾸준히 따라 쓰세요.

처음부터 욕심을 내어 하루에 여러 장을 쓰지 않도록 합니다. 한 번에 많이 쓰는 것보다 매일 꾸준히 쓰는 연습을 하는 것이 사자소학에 담긴 말씀을 이해하고 익히는 데 더욱 효과적입니다.

하루 10분씩 100일 동안 몸과 마음을 차분하게 하는 사자소학 100문장을 꾸준히 따라 써 보세요. 세상을 살아가는 데 필요한 지혜를 배울 수 있습니다. 또한 올바른 성품을 기르고 여러 관계 속에서 지켜야 할 도리를 일깨워 줍니다.

父生我身하시고 母鞠吾身이로다.
부생아신   모국오신

아버지는 내 몸을 태어나게 하시고
어머니는 내 몸을 기르셨다.

 바르게 따라 써 보세요.

	아	버	지	는		내		몸	을		태	어	나	게
하	시	고		어	머	니	는		내		몸	을		기
르	셨	다	.											

아래 칸에 맞춰 써 보세요.

아버지는 내 몸을 태어나게 하시고
어머니는 내 몸을 기르셨다.

 아버지와 어머니는 나를 세상에 태어날 수 있게 해 주신 분이에요.
우리를 항상 보살펴 주시는 부모님에게 감사한 마음을 가지고 공경해야 해요.

腹以懷我하시고 乳以哺我로다.
복이회아　　　　　유이포아

배 속에 나를 품어 주시고
젖으로 나를 먹여 주셨다.

 바르게 따라 써 보세요.

배	속에		나를	품어		주시고
젖 으로		나를		먹여	주셨다.	

 아래 칸에 맞춰 써 보세요.

배 속에 나를 품어 주시고
젖으로 나를 먹여 주셨다.

 우리는 어머니의 배 속에서 열 달 동안 키워진 후 세상에 태어났어요.
어머니는 그렇게 태어난 우리에게 젖을 먹여 더욱 튼튼하게 자랄 수 있게 해 주셨지요.

*以衣溫我*하시고 *以食飽我*로다.
　이의온아　　　　　　　이식포아

옷으로 나를 따뜻하게 해 주시고
음식으로 나를 배부르게 해 주셨다.

 바르게 따라 써 보세요.

	옷	으	로		나	를		따	뜻	하	게		해
주	시	고		음	식	으	로		나	를		배	부	르
게		해		주	셨	다	.						

 아래 칸에 맞춰 써 보세요.

옷으로 나를 따뜻하게 해 주시고
음식으로 나를 배부르게 해 주셨다.

아무것도 없이 태어난 우리에게 따뜻한 옷과 음식을 주는 것은 부모님이에요.
부모님은 자신이 헐벗고 굶주려도 자식에게는 모든 것을 해 주고 싶어 한답니다.

恩高如天하시고 德厚似地로다.
은고여천   덕후사지

은혜는 높기가 하늘과 같으시고
덕은 두텁기가 땅과 같으시다.

 바르게 따라 써 보세요.

	은	혜	는		높	기	가		하	늘	과		같	으
시	고		덕	은		두	텁	기	가		땅	과		같
으	시	다	.											

 아래 칸에 맞춰 써 보세요.

은혜는 높기가 하늘과 같으시고
덕은 두텁기가 땅과 같으시다.

 하늘은 높고 끝이 없듯이 부모님의 은혜는 하늘처럼 높고 끝이 없어요.
또 두텁고 넓은 땅처럼 부모님의 덕은 두텁고 끝이 없다는 말이에요.

爲人子者가 曷不爲孝리오.
위인자자   갈불위효

사람의 자식 된 자로서
어찌 효도를 하지 않겠는가.

 바르게 따라 써 보세요.

	사	람	의		자	식		된		자	로	서		어
찌		효	도	를		하	지		않	겠	는	가	.	

 아래 칸에 맞춰 써 보세요.

사람의 자식 된 자로서
어찌 효도를 하지 않겠는가.

 때로는 동물들도 자신의 부모에게 효도를 해요.
이처럼 동물도 효도를 하는데, 사람이 부모에게 효도하는 것은 당연하다는 말이에요.

欲報深恩이 昊天罔極이로다.
욕보심은 　　　　　호천망극

깊은 은혜를 갚으려 해도
하늘처럼 넓고 커서 끝이 없다.

 바르게 따라 써 보세요.

	깊	은		은	혜	를		갚	으	려		해	도	
하	늘	처	럼		넓	고		커	서		끝	이		없
다	.													

 아래 칸에 맞춰 써 보세요.

깊은 은혜를 갚으려 해도
하늘처럼 넓고 커서 끝이 없다.

 '망극'은 임금이나 부모의 은혜가 한이 없을 때 쓰는 말이에요.
드높고 끝을 알 수 없는 저 하늘처럼 자식을 향한 부모의 사랑도 끝이 없지요.

父母愛之하시면 **喜而勿忘**하라.
부모애지   희이물망

부모님께서 나를 사랑해 주시면
기뻐하며 잊지 말아야 한다.

 바르게 따라 써 보세요.

	부	모	님	께	서		나	를		사	랑	해		주
시	면		기	뻐	하	며		잊	지		말	아	야	
한	다	.												

 아래 칸에 맞춰 써 보세요.

부모님께서 나를 사랑해 주시면

기뻐하며 잊지 말아야 한다.

 부모는 자식을 매우 사랑하고 소중히 여겨요. 그러니 부모님이 나를 사랑해 주시는 것을
당연하게 여기지 말고, 항상 감사한 마음을 잊지 말아야 해요.

父母呼我 하시면 唯而趨之 하라.
부모호아   유이추지

부모님께서 나를 부르시면
대답하고 빨리 달려가야 한다.

 바르게 따라 써 보세요.

| | 부 | 모 | 님 | 께 | 서 | | 나 | 를 | | 부 | 르 | 시 | 면 | |
| 대 | 답 | 하 | 고 | | 빨 | 리 | | 달 | 려 | 가 | 야 | | 한 | 다 | . |

 아래 칸에 맞춰 써 보세요.

부모님께서 나를 부르시면
대답하고 빨리 달려가야 한다.

 부모님이 나를 필요로 하시는데, 귀찮다고 못 들은 척하는 것은 자녀 된 도리가 아니에요.
항상 부모님의 말씀에 귀 기울이고, 뜻을 잘 따르는 자녀가 되도록 노력해야 한답니다.

父母使我 하시면 勿逆勿怠 하라.
부모사아 　　　　　 물역물태

부모님께서 나에게 일을 시키시면
거스르지 말고 게을리하지 마라.

 바르게 따라 써 보세요.

	부	모	님	께	서		나	에	게		일	을		시
키	시	면		거	스	르	지		말	고		게	을	리
하	지		마	라	.									

 아래 칸에 맞춰 써 보세요.

부모님께서 나에게 일을 시키시면
거스르지 말고 게을리하지 마라.

 부모님이 나에게 어떤 일을 시키시거든 하기 싫다고 해서도 안 되고 게으름을 피워서도 안 돼요.
부모님이 나를 믿고 내게 시키시는 일이니까 최선을 다해야 하지요.

父母有命하시면 俯首敬聽하라.
부모유명   부수경청

부모님께서 명하는 것이 있으면
머리를 숙이고 공손히 들어야 한다.

 바르게 따라 써 보세요.

	부	모	님	께	서		명	하	는		것	이		있
으	면		머	리	를		숙	이	고		공	손	히	
들	어	야		한	다	.								

 아래 칸에 맞춰 써 보세요.

부모님께서 명하는 것이 있으면
머리를 숙이고 공손히 들어야 한다.

 부모님이 말씀하시면 우선 자신의 생각과 다르더라도 공손히 듣고 공감하려고 노력해야 해요.
충분히 경청한 후에 자기 생각을 말해도 늦지 않아요.

父母出入 하시면 每必起立 하라.
부모출입   매필기립

부모님께서 나가시거나 들어오시면
매번 반드시 일어나야 한다.

 바르게 따라 써 보세요.

	부	모	님	께	서		나	가	시	거	나		들	어
오	시	면		매	번		반	드	시		일	어	나	야
한	다	.												

 아래 칸에 맞춰 써 보세요.

부모님께서 나가시거나 들어오시면
매번 반드시 일어나야 한다.

 부모님을 공경하는 것은 마음뿐만 아니라 행동으로도 표현해야 해요.
부모님에게 항상 예의 바르고 공손한 태도를 보이는 것이 효의 시작이랍니다.

父母衣服을 勿踰勿踐하라.
부모의복　　　　　물유물천

부모님의 의복을 넘어 다니지 말고
밟지 말아야 한다.

 바르게 따라 써 보세요.

	부	모	님	의		의	복	을		넘	어		다	니
지		말	고		밟	지		말	아	야		한	다	.

 아래 칸에 맞춰 써 보세요.

부모님의 의복을 넘어 다니지 말고
밟지 말아야 한다.

 부모님에게 몸과 마음으로 예를 다하는 것이 진정한 효도예요.
그러니 마음의 생각뿐만 아니라 몸의 움직임 하나에도 정성을 다해 부모님을 대해야 한답니다.

父母責之 하시면 反省勿怨 하라.
부모책지   반성물원

부모님께서 나를 꾸짖으면
반성하고 원망하지 말아야 한다.

 바르게 따라 써 보세요.

	부	모	님	께	서		나	를		꾸	짖	으	면
반	성	하	고		원	망	하	지		말	아	야		한
다	.												

 아래 칸에 맞춰 써 보세요.

부모님께서 나를 꾸짖으면
반성하고 원망하지 말아야 한다.

 부모님께 혼이 날 때는 자신의 잘못을 인정하고 반성해야 발전이 있어요.
부모님은 항상 자식들이 잘되길 바라는 마음으로 꾸지람하시기 때문이지요.

身體髮膚는 受之父母라.
신체발부   수지부모

내 몸과 머리카락과 피부는
모두 부모님으로부터 받은 것이다.

 바르게 따라 써 보세요.

	내		몸	과		머	리	카	락	과		피	부	는
모	두		부	모	님	으	로	부	터		받	은		것
이	다	.												

 아래 칸에 맞춰 써 보세요.

내 몸과 머리카락과 피부는
모두 부모님으로부터 받은 것이다.

 유교에서는 부모에게 물려받은 몸을 소중히 여기는 것을 효도의 시작이라고 생각했어요.
그래서 자신의 머리카락 하나라도 소중히 여겼답니다.

不敢毀傷이 孝之始也라.
불감훼상　　　　　효지시야

감히 몸을 다치지 않게 하는 것이
효도의 시작이다.

 바르게 따라 써 보세요.

	감	히		몸	을		다	치	지		않	게		하
는		것	이		효	도	의		시	작	이	다	.	

 아래 칸에 맞춰 써 보세요.

감히 몸을 다치지 않게 하는 것이
효도의 시작이다.

 조선 시대에는 부모님이 주신 신체를 훼손하는 것은 큰 불효를 저지르는 일이었어요.
최익현은 단발령이 내려졌을 때, '내 목은 자를지언정, 내 머리는 자를 수 없다.'며 강하게 반대했답니다.

父母臥命이라도 俯首聽之하라.
부모와명 　　　　　부수청지

부모님께서 누워서 무엇을 시키더라도
고개를 숙이고 공손하게 들어야 한다.

 바르게 따라 써 보세요.

	부	모	님	께	서		누	워	서		무	엇	을	
시	키	더	라	도		고	개	를		숙	이	고		공
손	하	게		들	어	야		한	다	.				

 아래 칸에 맞춰 써 보세요.

부모님께서 누워서 무엇을 시키더라도
고개를 숙이고 공손하게 들어야 한다.

 부모님이 말씀하실 때에는 바른 자세로 귀 기울여 들어야 해요.
이것이 바로 우리가 생활 속에서 실천할 수 있는 효도랍니다.

出必告之하고 反必拜謁하라.
출필고지   반필배알

집 밖에 나갈 때는 반드시 알려 드리고
돌아와서도 반드시 인사로 알려 드려야 한다.

 바르게 따라 써 보세요.

	집		밖	에		나	갈		때	는		반	드	시
알	려		드	리	고		돌	아	와	서	도		반	드
시		인	사	로		알	려		드	려	야		한	다.

 아래 칸에 맞춰 써 보세요.

집 밖에 나갈 때는 반드시 알려 드리고
돌아와서도 반드시 인사로 알려 드려야 한다.

 부모는 자식이 눈앞에 보이지 않으면 자식 걱정 때문에 일이 손에 잡히지 않아요.
그러니 외출할 때나 돌아왔을 때 부모님의 얼굴을 뵙고 인사를 드려야 해요.

愼勿遠遊하고 遊必有方하라.
신물원유   유필유방

멀리 놀러가는 것을 삼가고
놀러갈 때는 반드시 장소를 말씀드려야 한다.

 바르게 따라 써 보세요.

멀	리		놀	러	가	는		것	을		삼	가	고
놀	러	갈		때	는		반	드	시		장	소	를
말	씀	드	려	야		한	다	.					

 아래 칸에 맞춰 써 보세요.

멀리 놀러가는 것을 삼가고
놀러갈 때는 반드시 장소를 말씀드려야 한다.

 부모는 자녀가 문밖을 나서는 순간부터 물가에 어린아이를 혼자 둔 것처럼 걱정이 돼요.
그러니까 외출할 때는 부모님이 걱정하지 않도록 행선지를 미리 밝혀야 하지요.

出入門戶에는 開閉必恭하라.
출입문호   개폐필공

집 문을 출입할 때는
반드시 공손하게 문을 열고 닫아야 한다.

 바르게 따라 써 보세요.

	집		문	을		출	입	할		때	는		반	드
시		공	손	하	게		문	을		열	고		닫	아
야		한	다	.										

 아래 칸에 맞춰 써 보세요.

집 문을 출입할 때는
반드시 공손하게 문을 열고 닫아야 한다.

 마음을 표현하는 것은 바로 행동이에요. 만약 집 출입문을 함부로 여닫는다면
부모님이 나의 마음이 좋지 않다고 여겨 걱정하실 거예요.

勿立門中하고 勿坐房中하라.
물립문중   물좌방중

방문 한가운데 서지 말고
방 한가운데 앉지 말아야 한다.

 바르게 따라 써 보세요.

	방	문		한	가	운	데		서	지		말	고
방|	한	가	운	데		앉	지		말	아	야		한
다| .													

 아래 칸에 맞춰 써 보세요.

방문 한가운데 서지 말고
방 한가운데 앉지 말아야 한다.

 효성이 깊은 사람은 언제 어디서고 몸가짐이 단정해 보인다고 해요.
방문을 지나갈 때, 방 안에서도 어른들을 배려하며 조심히 행동한답니다.

行勿慢步하고 坐勿倚身하라.
행물만보   좌물의신

걸어갈 때는 걸음을 거만하게 걷지 말고
앉을 때는 몸을 기대지 말아야 한다.

 바르게 따라 써 보세요.

걸	어	갈		때	는		걸	음	을		거	만	하
게		걷	지		말	고		앉	을		때	는		몸
을		기	대	지		말	아	야		한	다	.		

 아래 칸에 맞춰 써 보세요.

걸어갈 때는 걸음을 거만하게 걷지 말고
앉을 때는 몸을 기대지 말아야 한다.

 바른 행동을 계속하다 보면 마음도 곧아져요. 반면에 좋지 않은 행동을 계속하게 되면
자신도 모르게 마음이 비뚤어지지요. 그러니 항상 바른 걸음과 바른 자세, 바른 정신을 지켜야 한답니다.

侍坐親前하시면 勿踞勿臥하라.
시좌친전 　　　　　물거물와

부모님 앞에 앉을 때는
걸터앉지 말며 눕지 말아야 한다.

 바르게 따라 써 보세요.

	부	모	님		앞	에		앉	을		때	는		걸
터	앉	지		말	며		눕	지		말	아	야		한
다	.													

 아래 칸에 맞춰 써 보세요.

부모님 앞에 앉을 때는
걸터앉지 말며 눕지 말아야 한다.

 부모님 앞에서는 모든 행동을 조심히 해야 해요. 자신이 아무리 높은 위치에 있더라도
교만하지 않으며 자세를 낮추어야 하지요.

事必稟行하고 無敢自專하라.
사필품행   무감자전

일을 할 때는 반드시 여쭈어 행하고
감히 자기 멋대로 하지 말아야 한다.

 바르게 따라 써 보세요.

	일	을		할		때	는		반	드	시		여	쭈
어		행	하	고		감	히		자	기			멋	대	로
하	지		말	아	야		한	다	.					

 아래 칸에 맞춰 써 보세요.

일을 할 때는 반드시 여쭈어 행하고
감히 자기 멋대로 하지 말아야 한다.

 부모님은 항상 우리를 걱정하고 염려하세요. 그래서 우리가 어떤 일을 할 때는
항상 상황을 자세히 알리고 의견을 여쭈어 보는 것이 좋아요.

一欺父母면 其罪如山이니라.
일사부모　　　　기죄어산

한 번이라도 부모님을 속이면
그 죄가 산과 같다.

 바르게 따라 써 보세요.

한	번	이	라	도	부	모	님	을	속	이
면	그	죄	가	산	과	같	다	.		

 아래 칸에 맞춰 써 보세요.

한 번이라도 부모님을 속이면
그 죄가 산과 같다.

 만약 자식이 부모님을 속인다면 그 사실을 알게 된 부모님은 하늘이 무너지는 듯 마음이 아프실 거예요.
그러니 부모님에게는 절대 거짓을 말해서는 안 되지요.

我身能賢이면 譽及父母니라.
아신능현　　　　　예급부모

내가 어질게 행동하면
그 명예가 부모님께 돌아간다.

 바르게 따라 써 보세요.

	내	가		어	질	게		행	동	하	면		그
명	예	가		부	모	님	께		돌	아	간	다	.

 아래 칸에 맞춰 써 보세요.

내가 어질게 행동하면
그 명예가 부모님께 돌아간다.

 자신의 뜻을 세상에 드러내고 이름을 후세에 남긴다면, 누구보다 부모님이 가장 좋아하실 거예요.
또한 사람들은 그렇게 훌륭한 자식을 키운 그의 부모를 칭송한답니다.

我身不賢이면 辱及父母니라.
아신불현   욕급부모

내가 어질지 못하게 행동하면
그 욕이 부모님께 돌아간다.

 바르게 따라 써 보세요.

	내	가		어	질	지		못	하	게		행	동	하
면		그		욕	이		부	모	님	께		돌	아	간
다	.													

 아래 칸에 맞춰 써 보세요.

내가 어질지 못하게 행동하면
그 욕이 부모님께 돌아간다.

 세상 사람들은 어떤 사람이 잘못을 저지르면 잘못을 한 사람뿐만 아니라
그 사람의 부모까지 함께 비난을 해요. 그러니 자신의 실수로 부모님께 누를 끼치면 안 된답니다.

雪裏求筍은 孟宗之孝요.
설리구순   맹종지효

눈 속에서 죽순을 구한 것은
맹종의 효도이다.

 바르게 따라 써 보세요.

	눈		속	에	서		죽	순	을		구	한		것
은		맹	종	의			효	도	이	다	.			

 아래 칸에 맞춰 써 보세요.

눈 속에서 죽순을 구한 것은
맹종의 효도이다.

 맹종이라는 사람은 어머니가 죽순이 먹고 싶다고 하자, 한겨울에 죽순을 찾아다녔어요.
그의 효심에 감동한 하늘이 눈을 녹이고 죽순이 돋아나게 했다는 이야기예요.

剖氷得鯉는 王祥之孝니라.
부빙득리　　　　　왕상지효

얼음을 깨고서 잉어를 잡은 것은
왕상의 효도이다.

 바르게 따라 써 보세요.

	얼	음	을		깨	고	서		잉	어	를		잡	은
것	은		왕	상	의		효	도	이	다	.			

 아래 칸에 맞춰 써 보세요.

얼음을 깨고서 잉어를 잡은 것은

왕상의 효도이다.

 왕상이란 사람은 자신을 구박했던 새어머니에게 마음을 다해 효를 실천했어요.
병든 어머니를 위해 한겨울에 얼음을 깨고 잉어를 잡으려고 노력해 하늘을 감동시켰답니다.

分母求多하며 有無相通하라.
분무구다   유무상통

나눌 때는 많기를 구하지 말고
있고 없음이 서로 통해야 한다.

 바르게 따라 써 보세요.

	나	눌		때	는		많	기	를		구	하	지
말	고		있	고		없	음	이		서	로		통	해
야		한	다	.									

 아래 칸에 맞춰 써 보세요.

나눌 때는 많기를 구하지 말고
있고 없음이 서로 통해야 한다.

 형제끼리 서로 나눌 때는 욕심을 부리지 말아야 해요.
나눌 것이 있든지 없든지 형제는 함께 해야 한다는 말이에요.

兄弟怡怡하여 行則雁行하라.
형제이이   행즉안행

형제는 서로 화합하여 길을 갈 때
기러기 떼처럼 나란히 가야 한다.

 바르게 따라 써 보세요.

	형	제	는		서	로		화	합	하	여		길	을
갈		때		기	러	기		떼	처	럼		나	란	히
가	야		한	다	.									

 아래 칸에 맞춰 써 보세요.

형제는 서로 화합하여 길을 갈 때
기러기 떼처럼 나란히 가야 한다.

 기러기는 다정한 형제처럼 나란히 줄을 지어 하늘을 날아다녀요.
그래서 사이좋은 형제를 곧잘 기러기에 비유하지요.

寢則連衾하고 食則同牀하라.
침즉연금　　　　　식즉동상

잠잘 때는 이불을 나란히 덮고
밥 먹을 때는 밥상을 함께 해야 한다.

 바르게 따라 써 보세요.

	잠	잘		때	는		이	불	을		나	란	히
덮	고		밥		먹	을		때	는		밥	상	을
함	께		해	야		한	다	.					

 아래 칸에 맞춰 써 보세요.

잠잘 때는 이불을 나란히 덮고
밥 먹을 때는 밥상을 함께 해야 한다.

 긴 베개와 큰 이불은 여러 사람이 함께 베고 덮을 수 있어요. 한 이불을 덮고, 한 베개를 베고,
한 밥상에서 함께 밥을 먹다 보면 형제간에 우애가 좋아질 수밖에 없지요.

형제편
32

兄能如此면 弟亦效之하라.
형능여차　　　　제역효지

형이 능히 이와 같이 하면
아우도 또한 본받을 것이다.

 바르게 따라 써 보세요.

| 형 | 이 | | 능 | 히 | | 이 | 와 | | 같 | 이 | | 하 | 면 |
| 아 | 우 | 도 | | 또 | 한 | | 본 | 받 | 을 | | 것 | 이 | 다 | . |

 아래 칸에 맞춰 써 보세요.

형이 능히 이와 같이 하면
아우도 또한 본받을 것이다.

 동생은 자신도 모르는 사이에 형이 하는 행동을 보고 그대로 따라 해요.
그러니 동생이 있다면 항상 말을 조심하고, 모범이 되는 행동을 해야 한답니다.

兄弟姉妹는 同氣而生이니라.
형제자매   동기이생

형제와 자매는
한 기운을 받고 태어났다.

 바르게 따라 써 보세요.

	형	제	와		자	매	는		한		기	운	을
받	고		태	어	났	다	.						

 아래 칸에 맞춰 써 보세요.

형제와 자매는
한 기운을 받고 태어났다.

 형제자매는 생김새도 제각각이고 성격도 다르지만 같은 부모 밑에서 태어나 함께 자랐어요.
그래서 부모 다음으로 세상에서 자신과 제일 가까운 사람 중 하나이지요.

兄友弟恭하여 **不敢怨怒**니라.
형우제공 　　　　 불감원노

형은 우애하고 아우는 공손히 하여
감히 원망하거나 성내지 말아야 한다.

 바르게 따라 써 보세요.

	형	은		우	애	하	고		아	우	는		공	손
히		하	여		감	히		원	망	하	거	나		성
내	지		말	아	야		한	다	.					

 아래 칸에 맞춰 써 보세요.

형은 우애하고 아우는 공손히 하여
감히 원망하거나 성내지 말아야 한다.

 형은 동생에게 사랑을 베풀고, 동생은 형을 공경해야 한다는 뜻으로
형제끼리 우애가 깊어야 함을 말해요.

比之於木하면 同根異枝니라.
비지어목   동근이지

나무에 비유하면
뿌리는 같고 가지는 다른 것과 같다.

 바르게 따라 써 보세요.

나	무	에		비	유	하	면		뿌	리	는		같
고		가	지	는		다	른		것	과		같	다	.

 아래 칸에 맞춰 써 보세요.

나무에 비유하면
뿌리는 같고 가지는 다른 것과 같다.

 형제자매는 한 부모 아래 태어났어요. 서로 성격도 다르고 생김새도 다르지만,
결국 그 뿌리는 같아요. 그러니 자신을 대하듯 서로 아껴줘야 하지요.

比之於水하면 同源異流니라.
비지어수   동원이류

물에 비유하면
근원은 같고 흐름은 다른 것과 같다.

 바르게 따라 써 보세요.

물	에		비	유	하	면		근	원	은		같	고
흐	름	은		다	른		것	과		같	다	.	

 아래 칸에 맞춰 써 보세요.

물에 비유하면
근원은 같고 흐름은 다른 것과 같다.

 물은 하나의 근원에서 나와 다른 방향으로 물줄기가 흐르듯,
형제자매도 서로 다른 길로 가고 있어도 근원은 같다는 뜻이에요.

一杯之水라도 *必分而飲*하라.
일배지수　　　　　필분이음

한 잔의 물이라도
반드시 나누어 마셔야 한다.

 바르게 따라 써 보세요.

한		잔	의		물	이	라	도		반	드	시	
나	누	어		마	셔	야		한	다	.			

 아래 칸에 맞춰 써 보세요.

한 잔의 물이라도
반드시 나누어 마셔야 한다.

 형제자매끼리는 물 한 잔처럼 작은 것이라도 꼭 서로 나누어야 해요.
자신이 더 좋은 것, 큰 것을 갖겠다고 싸우다 보면 결국 더 소중한 우애를 잃어버리게 되지요.

一粒之食이라도 必分而食하라.
일립지식　　　　필분이식

한 알의 곡식이라도
반드시 나누어 먹어야 한다.

 바르게 따라 써 보세요.

한	알	의	곡	식	이	라	도	반	드	시
나	누	어	먹	어	야	한	다	.		

 아래 칸에 맞춰 써 보세요.

한 알의 곡식이라도
반드시 나누어 먹어야 한다.

 형제자매끼리는 한 알의 곡식처럼 적은 양의 음식이라도 서로 나누어 먹어야 해요.
형제자매가 가져야 하는 미덕을 가르쳐 주는 말이에요.

兄雖責我나 莫敢抗怒하라.
형수책아　　　막감항노

형이 비록 나를 꾸짖더라도
감히 대항하거나 성내지 않아야 한다.

 바르게 따라 써 보세요.

	형	이		비	록		나	를		꾸	짖	더	라	도
감	히		대	항	하	거	나		성	내	지		않	아
야		한	다	.										

 아래 칸에 맞춰 써 보세요.

형이 비록 나를 꾸짖더라도
감히 대항하거나 성내지 않아야 한다.

 형은 동생이 잘못을 하면 올바르게 가르쳐 줘야 할 책임이 있어요.
동생은 형이 잘못을 지적했다고 해서 맞서려고 해서는 안 된답니다.

弟雖有過나 須勿聲責하라.
제수유과　　　　수물성책

아우가 비록 잘못이 있더라도
모름지기 큰소리로 꾸짖지 말아야 한다.

 바르게 따라 써 보세요.

	아	우	가		비	록		잘	못	이		있	더	라
도		모	름	지	기		큰	소	리	로		꾸	짖	지
말	아	야		한	다	.								

 아래 칸에 맞춰 써 보세요.

아우가 비록 잘못이 있더라도
모름지기 큰소리로 꾸짖지 말아야 한다.

 동생이 잘못을 저질렀을 때는 화를 내기보다 온화한 말투로 잘못을 깨닫게 이끌어 주는 것이 좋아요.
또 잘못을 뉘우쳤을 땐 용서해 주어야 하지요.

兄弟有善이면 必譽于外하라.

형제유선　　　　　필예우외

형제간에 잘한 일이 있으면
반드시 겉으로 칭찬해야 한다.

 바르게 따라 써 보세요.

	형	제	간	에		잘	한		일	이		있	으	면
반	드	시		겉	으	로		칭	찬	해	야		한	다.

 아래 칸에 맞춰 써 보세요.

형제간에 잘한 일이 있으면
반드시 겉으로 칭찬해야 한다.

칭찬을 받으면 기분이 좋아지고, 무슨 일이든지 더 열심히 하고 싶어져요.
더욱이 자신과 가까운 형제자매에게 칭찬을 받으면 더욱 용기가 날 거예요.

兄弟有失이면 隱而勿揚하라.
형제유실   은이물양

형제간에 잘못이 있으면
숨겨 주고 드러내지 말아야 한다.

 바르게 따라 써 보세요.

	형	제	간	에		잘	못	이		있	으	면		숨
겨		주	고		드	러	내	지		말	아	야		한
다	.													

 아래 칸에 맞춰 써 보세요.

형제간에 잘못이 있으면
숨겨 주고 드러내지 말아야 한다.

 형제간에는 서로 허물을 덮어 주고 밖으로 드러내지 말아야 해요.
형이나 동생의 잘못을 떠들고 다닌다면 제 얼굴에 침을 뱉는 것과 다르지 않아요.

兄弟有難이면 悶而思救하라.
형제유난　　　　　　민이사구

형제간에 어려운 일이 있으면
근심하고 도와줄 방법을 생각해야 한다.

 바르게 따라 써 보세요.

	형	제	간	에		어	려	운		일	이		있	으
면		근	심	하	고		도	와	줄		방	법	을	
생	각	해	야		한	다	.							

 아래 칸에 맞춰 써 보세요.

형제간에 어려운 일이 있으면
근심하고 도와줄 방법을 생각해야 한다.

 형제자매에게 어려운 일이 생겼을 때는 발 벗고 나서서 도와줘야 해요.
아무리 힘든 일이라도 서로 힘을 합하면 극복할 수 있답니다.

兄弟和睦이면 父母喜之니라.
형제화목   부모희지

형제가 화목하면
부모님께서 기뻐하신다.

 바르게 따라 써 보세요.

	형	제	가		화	목	하	면		부	모	님	께	서
기	뻐	하	신	다	.									

 아래 칸에 맞춰 써 보세요.

형제가 화목하면
부모님께서 기뻐하신다.

 형제자매가 사이좋게 지낸다면 가정에 그보다 더 좋은 일은 없을 거예요.
형제자매가 우애가 좋다면 부모님이 제일 기뻐하시니 그것이 효도하는 길이랍니다.

事師如親하여 必敬必恭하라.
　사사여친　　　　　　필경필공

스승 섬기기를 어버이와 같이하여
반드시 공경하고 공손해야 한다.

 바르게 따라 써 보세요.

	스	승		섬	기	기	를		어	버	이	와	같
이	하	여		반	드	시		공	경	하	고		공	손
해	야		한	다	.								

 아래 칸에 맞춰 써 보세요.

스승 섬기기를 어버이와 같이하여
반드시 공경하고 공손해야 한다.

 부모는 나에게 생명을 주신 분이고, 스승은 나에게 사람답게 사는 법을 가르쳐 주셨어요.
그러니 부모에게 하듯 스승에게도 공손한 태도와 공경하는 마음을 가져야 해요.

先生施教하시면 弟子是則하라.
선생시교　　　　　제자시칙

스승께서 가르침을 베풀어 주시거든
제자들은 이것을 본받아야 한다.

 바르게 따라 써 보세요.

스	승	께	서		가	르	침	을		베	풀	어
주	시	거	든		제	자	들	은		이	것	을		본
받	아	야		한	다	.						

 아래 칸에 맞춰 써 보세요.

스승께서 가르침을 베풀어 주시거든
제자들은 이것을 본받아야 한다.

 스승이 가르쳐 주시는 것을 제자는 그대로 본받아야 해요.
제자는 스승의 가르침을 통해 모르는 것을 알게 되면서 나날이 성장한답니다.

夙興夜寐하여 勿懶讀書하라.
숙흥야매   물라독서

아침에 일찍 일어나고 밤늦게 자며
책 읽기를 게을리하지 않아야 한다.

 바르게 따라 써 보세요.

아	침	에		일	찍		일	어	나	고		밤	늦
게		자	며		책		읽	기	를		게	을	리	하
지		않	아	야		한	다	.					

 아래 칸에 맞춰 써 보세요.

아침에 일찍 일어나고 밤늦게 자며
책 읽기를 게을리하지 않아야 한다.

 공자가 살던 시대만 해도 종이가 귀해서 대나무에 글자를 써서 책처럼 묶어서 사용했어요.
공자는 대나무를 엮어 놓은 가죽 끈이 세 번이나 끊어질 정도로 책 읽기를 좋아했답니다.

勤勉工夫하면 父母悅之시니라.
근면공부 　　　부모열지

부지런히 공부에 힘쓰면
부모님께서 기뻐하신다.

 바르게 따라 써 보세요.

부	지	런	히		공	부	에		힘	쓰	면		부
모	님	께	서		기	뻐	하	신	다	.			

 아래 칸에 맞춰 써 보세요.

부지런히 공부에 힘쓰면

부모님께서 기뻐하신다.

 사람이 부지런히 공부를 하는 것은 사람답게 살기 위함이에요.
그러니 자식이 공부를 열심히 하면 부모님께서 그 모습을 보고 아주 기뻐하실 거예요.

能孝能悌가 莫非師恩이니라.
능효능제   막비사은

부모님께 효도하고 웃어른을 공경할 수 있는 것은
스승의 은혜가 아닌 것이 없다.

 바르게 따라 써 보세요.

	부	모	님	께		효	도	하	고		웃	어	른	을
공	경	할		수		있	는		것	은		스	승	의
은	혜	가		아	닌		것	이		없	다	.		

 아래 칸에 맞춰 써 보세요.

부모님께 효도하고 웃어른을 공경할 수 있는 것은
스승의 은혜가 아닌 것이 없다.

 우리가 부모에게 효도를 하고 웃어른을 공경할 수 있게 된 것은
모두 스승의 가르침이 있었기 때문이에요.

能知能行이 摠是師功이니라.
능지능행   총시사공

알 수 있고 행할 수 있는 것은
모두 스승의 공이다.

 바르게 따라 써 보세요.

	알		수		있	고		행	할		수		있	는
것	은		모	두		스	승	의		공	이	다	.	

 아래 칸에 맞춰 써 보세요.

알 수 있고 행할 수 있는 것은
모두 스승의 공이다.

 스승은 나에게 학문과 사람답게 사는 법을 가르쳐 주셨어요.
그러니 스승께 항상 감사하는 마음을 가져야 해요.

始習文字에는 字劃楷正하라.
시습문자   자획해정

처음 글자를 배우기 시작할 때는
글자의 획을 바르게 해야 한다.

 바르게 따라 써 보세요.

	처	음		글	자	를		배	우	기		시	작	할
때	는		글	자	의		획	을		바	르	게		해
야		한	다	.										

 아래 칸에 맞춰 써 보세요.

처음 글자를 배우기 시작할 때는
글자의 획을 바르게 해야 한다.

 글자를 쓰는 마음가짐이 발라야 글귀를 올바로 이해하고 받아들일 수 있어요.
그러니 처음 글자를 배울 때부터 정성 들여 한 자 한 자 바르게 배워야 한답니다.

書冊狼藉하면 每必整頓하라.
서책낭자   매필정돈

책이 어지럽게 널려 있으면
매번 반드시 정돈해야 한다.

 바르게 따라 써 보세요.

책	이		어	지	럽	게		널	려		있	으	면
매	번		반	드	시		정	돈	해	야		한	다.

 아래 칸에 맞춰 써 보세요.

책이 어지럽게 널려 있으면
매번 반드시 정돈해야 한다.

 책상 위가 깨끗하지 않으면 마음도 따라 어지러워져요. 깨끗하게 정리된 방에서 공부를 하면
마음이 편안하고 안정되어 집중력도 높아진답니다.

夫婦之倫은 二姓之合이니라.
부부지륜　　　　　　이성지합

남편과 아내의 인륜은
두 개의 성이 합한 것이다.

 바르게 따라 써 보세요.

	남	편	과		아	내	의		인	륜	은		두
개	의		성	이		합	한		것	이	다	.	

 아래 칸에 맞춰 써 보세요.

남편과 아내의 인륜은
두 개의 성이 합한 것이다.

 서로 다르게 살아온 두 사람이 혼인을 하면 부부라는 이름으로 하나가 돼요.
그래서 백 년 동안 함께 하자고 약속하는 '백년가약'을 맺지요.

内外有別하여 **相敬如賓**하라.
내외유별   상경여빈

남편과 아내는 다름이 있어서
서로 공경하기를 손님처럼 해야 한다.

 바르게 따라 써 보세요.

남	편	과		아	내	는		다	름	이		있	어
서		서	로		공	경	하	기	를		손	님	처	럼
해	야		한	다	.								

 아래 칸에 맞춰 써 보세요.

남편과 아내는 다름이 있어서
서로 공경하기를 손님처럼 해야 한다.

 남편과 아내는 서로 잘하는 일이 달라요. 그러니 역할을 분담해서
잘할 수 있는 일을 하고, 서로의 일을 존중해 줘야 하지요.

夫道和義요, 婦德柔順이니라.
부도화의   부덕유순

남편의 도리는 온화하고 의로운 것이며
아내의 덕은 부드럽고 순한 것이다.

 바르게 따라 써 보세요.

	남	편	의		도	리	는		온	화	하	고		의
로	운		것	이	며		아	내	의		덕	은		부
드	럽	고		순	한		것	이	다	.				

 아래 칸에 맞춰 써 보세요.

남편의 도리는 온화하고 의로운 것이며
아내의 덕은 부드럽고 순한 것이다.

 예로부터 남편은 온화하고 의롭게 가족을 이끌어 주고,
아내는 온순함으로 가족을 편안하고 안락하게 해 주는 것이 제일이라 여겼어요.

夫唱婦隨면 家道成矣리라.
부창부수 　　　　가도성의

남편이 먼저 노래하고 아내가 이를 따라 하면
집안의 질서가 잘 이루어질 것이다.

 바르게 따라 써 보세요.

남	편	이		먼	저		노	래	하	고		아	내
가		이	를		따	라		하	면		집	안	의
질	서	가		잘		이	루	어	질		것	이	다.

 아래 칸에 맞춰 써 보세요.

남편이 먼저 노래하고 아내가 이를 따라 하면
집안의 질서가 잘 이루어질 것이다.

 남편이 뜻을 세우고 아내가 이를 잘 따르면 집안의 질서가 저절로 이루어져요.
남편과 아내가 뜻을 같이 하고 서로 존중하면 아이들은 자연스럽게 이를 보고 배운답니다.

人之在世에 不可無友니라.
인지재세   불가무우

사람이 세상을 살아가면서
친구가 없을 수 없다.

 바르게 따라 써 보세요.

	사	람	이		세	상	을		살	아	가	면	서
친	구	가		없	을		수		없	다	.		

 아래 칸에 맞춰 써 보세요.

사람이 세상을 살아가면서
친구가 없을 수 없다.

 사람은 세상을 살면서 수많은 사람과 만나고 헤어져요. 그중에 내 마음을 알아주는 친구가 곁에 있다면 삶의 기쁨은 두 배가 되고 슬픔은 반이 될 거예요.

붕우편 58

友其正人이면 我亦自正이니라.
우기정인　　　아역자정

바른 사람을 벗하면
나 또한 저절로 바르게 된다.

 바르게 따라 써 보세요.

	바	른		사	람	을		벗	하	면		나		또
한		저	절	로		바	르	게		된	다	.		

 아래 칸에 맞춰 써 보세요.

바른 사람을 벗하면
나 또한 저절로 바르게 된다.

 사람은 어떤 친구를 사귀느냐에 따라 성품이 바뀌기도 해요. 즉 바른 사람과 사귀어 친구가 되면,
자기 자신도 모르는 사이에 그 사람을 본받아 바른 사람이 된답니다.

從遊邪人이면 我亦自邪니라.
종유사인　　　　　　아역자사

간사한 사람을 좇아서 놀게 되면
나 또한 저절로 간사해진다.

 바르게 따라 써 보세요.

간	사	한		사	람	을		좇	아	서		놀	게
되	면		나		또	한		저	절	로		간	사	해
진	다	.											

 아래 칸에 맞춰 써 보세요.

간사한 사람을 좇아서 놀게 되면
나 또한 저절로 간사해진다.

 친구를 사귈 때는 신중해야 해요. 간사한 사람과 어울리다가는
어느새 나도 간사한 사람이 되어 있을지 몰라요.

白沙在泥면 不染自汚니라.
백사재니   불염자오

흰모래가 진흙에 있으면
물들이지 않아도 저절로 더러워진다.

 바르게 따라 써 보세요.

	흰	모	래	가		진	흙	에		있	으	면		물
들	이	지		않	아	도		저	절	로		더	러	워
진	다	.												

 아래 칸에 맞춰 써 보세요.

흰모래가 진흙에 있으면
물들이지 않아도 저절로 더러워진다.

 아무리 좋은 사람이라도 주변에 나쁜 마음을 가진 사람들과 함께 있다면
자신도 모르는 사이 나쁜 마음에 물들 수 있답니다.

붕우편
61

近墨者黑이요, 近朱者赤이니라.
근묵자흑   근주자적

검은 것을 가까이하면 검어지고
붉은 것을 가까이하면 붉어진다.

 바르게 따라 써 보세요.

	검	은		것	을		가	까	이	하	면		검	어
지	고		붉	은		것	을		가	까	이	하	면	
붉	어	진	다	.										

 아래 칸에 맞춰 써 보세요.

검은 것을 가까이하면 검어지고
붉은 것을 가까이하면 붉어진다.

 '먹물을 가까이 하는 사람은 검어지고, 인주를 가까이 하는 사람은 붉어진다.'라고 했어요.
즉, 어떤 친구를 사귀느냐에 따라서 좋은 사람이 될 수도 있고, 나쁜 사람이 될 수도 있어요.

*居必擇隣*하고 *就必有德*하라.
거필택린   취필유덕

거처할 때는 반드시 이웃을 가리고
나아갈 때는 반드시 덕 있는 사람에게 가야 한다.

 바르게 따라 써 보세요.

거	처	할		때	는		반	드	시		이	웃	을
가	리	고		나	아	갈		때	는		반	드	시
덕		있	는		사	람	에	게		가	야		한	다.

 아래 칸에 맞춰 써 보세요.

거처할 때는 반드시 이웃을 가리고
나아갈 때는 반드시 덕 있는 사람에게 가야 한다.

 이웃도 반드시 가려서 사귀고 일을 성취하는 데 있어서
덕이 있는 사람을 만나야 한다는 말이에요.

以文會友하고 以友輔仁하라.
이문회우   이우보인

학문으로써 친구를 모으고
친구로써 어질게 됨을 도와야 한다.

 바르게 따라 써 보세요.

	학	문	으	로	써		친	구	를		모	으	고
친	구	로	써		어	질	게		됨	을		도	와	야
한	다	.											

 아래 칸에 맞춰 써 보세요.

학문으로써 친구를 모으고
친구로써 어질게 됨을 도와야 한다.

 우리는 다양한 관계 속에서 여러 친구를 사귀어요. 그중에서도 학문을 통해서 친구를 모으고,
친구를 통해 어진 마음을 키워야 한다는 뜻이에요.

朋友有過하면 忠告善導하라.
붕우유과   충고선도

친구에게 잘못이 있거든
충고하여 착한 길로 인도해야 한다.

 바르게 따라 써 보세요.

	친	구	에	게		잘	못	이		있	거	든		충
고	하	여		착	한		길	로		인	도	해	야	
한	다	.												

 아래 칸에 맞춰 써 보세요.

친구에게 잘못이 있거든
충고하여 착한 길로 인도해야 한다.

 친구가 잘못을 저질렀을 때, 친구의 잘못을 지적하고 바른 길로 이끌어야 해요.
그리고 친구가 자신의 잘못을 깨달을 수 있도록 최선을 다해 도와야 하지요.

人無責友면 易陷不義니라.
인무책우 　　　　 이함불의

사람에게 잘못을 꾸짖어 주는 친구가 없으면
옳지 못한 길로 빠지기 쉽다.

 바르게 따라 써 보세요.

	사	람	에	게		잘	못	을		꾸	짖	어		주
는		친	구	가		없	으	면		옳	지		못	한
길	로		빠	지	기		쉽	다	.					

 아래 칸에 맞춰 써 보세요.

사람에게 잘못을 꾸짖어 주는 친구가 없으면
옳지 못한 길로 빠지기 쉽다.

 충고는 귀에 거슬려도 따르는 것이 이롭다고 했어요.
자신의 잘못됨을 지적해 주는 친구가 진정한 친구라는 사실을 잊지 마세요.

面讚我善이면 諂諛之人이니라.
면찬아선　　　　　첨유지인

면전에서 나의 착한 점을 칭찬하는 사람은
아첨하는 사람이다.

 바르게 따라 써 보세요.

	면	전	에	서		나	의		착	한		점	을	
칭	찬	하	는		사	람	은		아	첨	하	는		사
람	이	다	.											

 아래 칸에 맞춰 써 보세요.

면전에서 나의 착한 점을 칭찬하는 사람은
아첨하는 사람이다.

 내 앞에서 나를 지나치게 칭찬하는 사람은 나에게 아첨하는 사람이라고 했어요.
이렇게 듣기 좋은 말만 하는 사람보다는 나에게 바른 말을 잘하는 사람을 곁에 두어야 해요.

面責我過면 剛直之人이니라.
면책아과   강직지인

면전에서 나의 잘못을 꾸짖는 사람은
굳세고 정직한 사람이다.

 바르게 따라 써 보세요.

	면	전	에	서		나	의		잘	못	을		꾸	짖
는		사	람	은		굳	세	고		정	직	한		사
람	이	다	.											

 아래 칸에 맞춰 써 보세요.

면전에서 나의 잘못을 꾸짖는 사람은
굳세고 정직한 사람이다.

 누군가 잘못을 저지르는 것을 보아도 잘못을 지적하거나 충고하기는 조심스러워요.
그럼에도 나에게 잘못을 지적해 주는 사람이 있다면, 그 사람은 심지가 굳고 곧은 사람이에요.

言而不信이면 非直之友니라.
언이불신   비직지우

말을 하되 미덥지 못하면
정직한 친구가 아니다.

 바르게 따라 써 보세요.

말	을		하	되		미	덥	지		못	하	면
정	직	한		친	구	가		아	니	다	.	

 아래 칸에 맞춰 써 보세요.

말을 하되 미덥지 못하면
정직한 친구가 아니다.

 거들먹거리며 허세를 부리는 것은 그만큼 자신이 부족하다는 뜻이에요.
그러니 허세를 부리는 사람은 정직한 사람이 아니라고 할 수 있어요.

見善從之하고 知過必改하라.
견선종지   지과필개

착한 것을 보면 그것을 따르고
허물을 알면 반드시 고쳐야 한다.

 바르게 따라 써 보세요.

	착	한		것	을		보	면		그	것	을		따
르	고		허	물	을		알	면		반	드	시		고
쳐	야		한	다	.									

 아래 칸에 맞춰 써 보세요.

착한 것을 보면 그것을 따르고
허물을 알면 반드시 고쳐야 한다.

 현명한 사람은 다른 사람의 충고를 받아들일 줄 아는 사람이에요.
어리석은 사람은 선을 보고도 따라가지 않고, 허물을 알면서도 고치지 못한답니다.

擇而交之면 有所補益이니라.
택이교지　　유소보익

사람을 가려서 사귀면
도움과 유익함이 있다.

 바르게 따라 써 보세요.

	사	람	을		가	려	서		사	귀	면		도	움
과		유	익	함	이		있	다	.					

 아래 칸에 맞춰 써 보세요.

사람을 가려서 사귀면
도움과 유익함이 있다.

 사람을 가려서 사귀면 자신에게 도움이 되고, 가려서 사귀지 않으면 도리어 해가 된다고 했어요.
그래서 어른들은 친구를 가려서 사귀라고 충고하지요.

悅人讚者는 百事皆僞니라.
열인찬자   백사개위

남의 칭찬을 좋아하는 사람은
온갖 일이 모두 거짓이다.

 바르게 따라 써 보세요.

	남	의		칭	찬	을		좋	아	하	는		사	람
은		온	갖		일	이		모	두		거	짓	이	다.

 아래 칸에 맞춰 써 보세요.

남의 칭찬을 좋아하는 사람은
온갖 일이 모두 거짓이다.

 자신을 치켜세우는 말이나 칭찬하는 말만 좋아하는 사람은 허영이 많은 사람이에요.
그런 사람은 자신에게 진술한 말을 해 주는 사람을 멀리하기 때문에 발전이 없답니다.

厭人責者는 其行無進이니라.
염인책자　　　　　기행무진

남이 꾸짖는 것을 싫어하는 사람은
그 행동에 나아감이 없다.

 바르게 따라 써 보세요.

남	이		꾸	짖	는		것	을		싫	어	하	는
사	람	은		그		행	동	에		나	아	감	이
없	다	.											

 아래 칸에 맞춰 써 보세요.

남이 꾸짖는 것을 싫어하는 사람은
그 행동에 나아감이 없다.

 다른 사람이 자신의 잘못에 대해 충고하는 것을 싫어하는 사람은 자신의 행동을
반성할 줄 모르기 때문에 발전이 없다는 뜻이에요.

學優則仕하여 爲國盡忠하라.
학우즉사   위국진충

학문을 잘하면 벼슬을 해서
나라를 위해 충성을 다해야 한다.

 바르게 따라 써 보세요.

	학	문	을		잘	하	면		벼	슬	을		해	서
나	라	를		위	해		충	성	을		다	해	야	
한	다	.												

아래 칸에 맞춰 써 보세요.

학문을 잘하면 벼슬을 해서
나라를 위해 충성을 다해야 한다.

 자신이 익힌 좋은 기술과 학문은 많은 사람과 나눌 때 더 가치 있는 것이에요.
그러니 여러분이 지금 하는 공부가 나중에 사람들에게 이롭게 쓰이도록 열심히 노력해야 해요.

敬信節用하여 愛民如子하라.
경신절용   애민여자

신중하고 미덥게 일하며 재물을 아껴 쓰고
백성을 사랑하기를 자식처럼 해야 한다.

 바르게 따라 써 보세요.

	신	중	하	고		미	덥	게		일	하	며		재
물	을		아	껴		쓰	고		백	성	을		사	랑
하	기	를		자	식	처	럼		해	야		한	다	.

 아래 칸에 맞춰 써 보세요.

신중하고 미덥게 일하며 재물을 아껴 쓰고
백성을 사랑하기를 자식처럼 해야 한다.

 임금이 나라의 재물을 아끼며 신중히 일하고 백성을 자식과 같은 마음으로 돌보면
백성도 임금을 부모처럼 믿고 따른답니다.

人倫之中에 忠孝爲本이니라.
인륜지중   충효위본

사람의 도리 가운데에
충과 효가 근본이 된다.

 바르게 따라 써 보세요.

	사	람	의		도	리		가	운	데	에		충	과
효	가		근	본	이		된	다	.					

 아래 칸에 맞춰 써 보세요.

사람의 도리 가운데에
충과 효가 근본이 된다.

 옛사람들은 사람의 도리 가운데 가장 중요한 것이 '충'과 '효'라고 생각했어요.
그래서 부모를 잘 섬기는 효자가 그 마음 그대로 임금을 섬기면 충신이 된다고 믿었어요.

충효편 76

孝當竭力하고 忠則盡命하라.
효당갈력　　　　충즉진명

효도는 마땅히 온 힘을 다해야 하고
충성은 목숨을 다해야 한다.

 바르게 따라 써 보세요.

	효	도	는		마	땅	히		온		힘	을		다
해	야		하	고		충	성	은		목	숨	을		다
해	야		한	다	.									

 아래 칸에 맞춰 써 보세요.

효도는 마땅히 온 힘을 다해야 하고
충성은 목숨을 다해야 한다.

 우리 조상들은 부모님이 살아 계실 때에 효를 실천하기 위해 온 힘을 다했어요.
또한 나라가 어려움에 처했을 때는 나라를 구하기 위해 기꺼이 자신의 목숨도 내어 놓았답니다.

長者慈幼하고 幼者敬長하라.
장자자유   유자경장

어른은 어린이를 사랑해야 하며
어린이는 어른을 공경해야 한다.

 바르게 따라 써 보세요.

	어	른	은		어	린	이	를		사	랑	해	야
하	며		어	린	이	는		어	른	을		공	경	해
야		한	다	.									

 아래 칸에 맞춰 써 보세요.

어른은 어린이를 사랑해야 하며
어린이는 어른을 공경해야 한다.

 어른이라고 어린이를 업신여겨서는 안 돼요. 반대로 어린이가 어른께 함부로 행동해서도 안 되지요.
어른은 어른답게 어린이를 감싸주고, 어린이는 어른을 공경해야 해요.

長者之前에는 進退必恭하라.
장자지전   진퇴필공

어른 앞에서 나아가고 물러날 때는
반드시 공손히 해야 한다.

 바르게 따라 써 보세요.

	어	른		앞	에	서		나	아	가	고		물	러
날		때	는		반	드	시		공	손	히		해	야
한	다	.												

 아래 칸에 맞춰 써 보세요.

어른 앞에서 나아가고 물러날 때는
반드시 공손히 해야 한다.

 우리나라는 예의범절을 아주 중요하게 생각해요.
어른들 앞에서 항상 몸가짐을 조심한다면 예의 바른 어린이가 될 수 있답니다.

年長以倍에 父以事之하라.
연장이배   부이사지

나이가 많아 곱절이 되는 사람은
아버지처럼 섬겨야 한다.

 바르게 따라 써 보세요.

	나	이	가		많	아		곱	절	이		되	는
사	람	은		아	버	지	처	럼		섬	겨	야		한
다	.												

 아래 칸에 맞춰 써 보세요.

나이가 많아 곱절이 되는 사람은
아버지처럼 섬겨야 한다.

 간혹 낯선 어른에게 함부로 말하는 젊은이가 있어요. 아무리 자신과 관계가 없는 낯선 사람이라 해도 자신보다 나이가 많은 사람에게는 부모를 대하듯 공손해야 하지요.

我敬人親이면 人敬我親이니라.
아경인친   인경아친

내가 다른 사람의 부모를 공경하면
다른 사람도 나의 부모를 공경할 것이다.

 바르게 따라 써 보세요.

내	가		다	른		사	람	의		부	모	를
공	경	하	면		다	른		사	람	도		나	의
부	모	를		공	경	할		것	이	다	.		

 아래 칸에 맞춰 써 보세요.

내가 다른 사람의 부모를 공경하면
다른 사람도 나의 부모를 공경할 것이다.

 내가 다른 사람의 부모님을 공경하면 내 부모님도 밖에서
공손한 대접을 받는다는 뜻이에요.

경장편 81

我敬人兄이면 人敬我兄이니라.
아경인형   인경아형

내가 다른 사람의 형을 공경하면
다른 사람도 나의 형을 공경할 것이다.

 바르게 따라 써 보세요.

	내	가		다	른		사	람	의		형	을		공
경	하	면		다	른		사	람	도		나	의		형
을		공	경	할		것	이	다	.					

 아래 칸에 맞춰 써 보세요.

내가 다른 사람의 형을 공경하면
다른 사람도 나의 형을 공경할 것이다.

 우리는 자신보다 나이가 많은 형을 공경해야 해요. 무엇보다 내가 친구의 형을 공손히 대하면
친구도 역시 나의 형에게 함부로 하지 않을 거예요.

賓客來訪이면 接待必誠하라.
빈객내방   접대필성

손님이 찾아오면
접대하기를 반드시 정성을 다해야 한다.

 바르게 따라 써 보세요.

| 손 | 님 | 이 | | 찾 | 아 | 오 | 면 | | 접 | 대 | 하 | 기 | 를 |
| 반 | 드 | 시 | | 정 | 성 | 을 | | 다 | 해 | 야 | | 한 | 다 | . |

 아래 칸에 맞춰 써 보세요.

손님이 찾아오면
접대하기를 반드시 정성을 다해야 한다.

 집에 손님이 찾아오면 정성을 다해 접대를 해야 해요.
그래야 자신도 다른 사람 집을 방문했을 때 정성 어린 접대를 받을 수 있답니다.

父子有親하며 君臣有義하라.
부자유친   군신유의

아버지와 아들 사이에는 친함이 있어야 하고
임금과 신하 사이에는 의리가 있어야 한다.

 바르게 따라 써 보세요.

	아	버	지	와		아	들		사	이	에	는		친
함	이		있	어	야		하	고		임	금	과		신
하		사	이	에	는		의	리	가		있	어	야	
한	다	.												

 아래 칸에 맞춰 써 보세요.

아버지와 아들 사이에는 친함이 있어야 하고
임금과 신하 사이에는 의리가 있어야 한다.

 아버지는 아들에게 자애로워야 하고 아들은 아버지에게 효도를 해야 해요.
또한 임금과 신하 사이에는 마땅히 의리가 있어야 큰일을 할 수 있답니다.

夫婦有別하며 長幼有序하라.
부부유별   장유유서

남편과 아내 사이에는 구별이 있어야 하고
어른과 아이 사이에는 차례가 있어야 한다.

 바르게 따라 써 보세요.

남	편	과		아	내		사	이	에	는		구	별
이		있	어	야		하	고		어	른	과		아	이
사	이	에	는		차	례	가		있	어	야		한	다 .

 아래 칸에 맞춰 써 보세요.

남편과 아내 사이에는 구별이 있어야 하고
어른과 아이 사이에는 차례가 있어야 한다.

 남편이든 아내든 자기가 잘하고 좋아하는 일을 하며 서로를 존중해야 해요.
어른과 어린이 사이에는 예법에 따라 서로를 존중하고 배려해야 하지요.

朋友有信이니 是謂五倫이니라.
붕우유신　　　　　시위오륜

친구와 친구 사이에는 신의가 있어야 하니
이것을 오륜이라고 한다.

 바르게 따라 써 보세요.

	친	구	와		친	구		사	이	에	는		신	의
가		있	어	야		하	니		이	것	을		오	륜
이	라	고		한	다	.								

 아래 칸에 맞춰 써 보세요.

친구와 친구 사이에는 신의가 있어야 하니
이것을 오륜이라고 한다.

 친구 사이에 꼭 필요한 것이 있다면 바로 믿음이에요.
그래서 친구를 사귈 때는 믿음으로 사귀어야 하지요.

仁義禮智는 人性之綱이니라.
인의예지   인성지강

어질고 의롭고 예의 바르고 지혜로운 것이
인간의 성품의 근본이다.

 바르게 따라 써 보세요.

	어	질	고		의	롭	고		예	의		바	르	고
지	혜	로	운		것	이		인	간	의		성	품	의
근	본	이	다	.										

 아래 칸에 맞춰 써 보세요.

어질고 의롭고 예의 바르고 지혜로운 것이
인간의 성품의 근본이다.

 '인'은 사람을 사랑하는 마음이에요. '의'는 의로운 마음이에요. '예'는 다른 사람을 공경하고
양보할 줄 아는 마음을 말해요. '지'는 사물의 이치를 빨리 깨닫는 것이랍니다.

君爲臣綱이요, 父爲子綱이니라.
군위신강   부위자강

임금은 신하의 근본이 되고
아버지는 자식의 근본이 된다.

 바르게 따라 써 보세요.

	임	금	은		신	하	의		근	본	이		되	고
아	버	지	는		자	식	의		근	본	이		된	다.

 아래 칸에 맞춰 써 보세요.

임금은 신하의 근본이 되고
아버지는 자식의 근본이 된다.

 물이 위에서 아래로 흐르는 것처럼, 임금과 아버지가 모범을 보이면
신하와 아들은 그대로 따른답니다.

夫爲婦綱이니 是謂三綱이니라.
부위부강   시위삼강

남편은 아내의 근본이 되니
이것을 삼강이라고 한다.

 바르게 따라 써 보세요.

남	편	은		아	내	의		근	본	이		되	니
이	것	을		삼	강	이	라	고		한	다	.	

 아래 칸에 맞춰 써 보세요.

남편은 아내의 근본이 되니
이것을 삼강이라고 한다.

 '삼강'이란 인간관계의 기본으로 강조한 세 가지 덕목으로
앞에서 말한 군위신강, 부위자강, 부위부강을 말해요.

目容必端하며 口容必止하라.
목용필단   구용필지

눈 모양은 반드시 단정하게 하며
입 모양은 반드시 다물고 있어야 한다.

 바르게 따라 써 보세요.

	눈	모	양	은		반	드	시		단	정	하	게
하	며		입		모	양	은		반	드	시		다	물
고		있	어	야		한	다	.					

 아래 칸에 맞춰 써 보세요.

눈 모양은 반드시 단정하게 하며
입 모양은 반드시 다물고 있어야 한다.

 얼굴 표정은 자신을 가장 먼저 드러내는 창이에요.
그러니 항상 단정한 표정으로 말을 아끼라는 뜻이에요.

視必思明하며 聽必思聰하라.
시필사명　　　　　청필사총

볼 때는 반드시 밝게 볼 것을 생각하며
들을 때는 반드시 밝게 들을 것을 생각해야 한다.

 바르게 따라 써 보세요.

볼	때	는	반	드	시	밝	게	볼
것	을	생	각	하	며	들	을	때	는	반
드	시	밝	게	들	을	것	을	생	각	해
야	한	다	.					

 아래 칸에 맞춰 써 보세요.

볼 때는 반드시 밝게 볼 것을 생각하며
들을 때는 반드시 밝게 들을 것을 생각해야 한다.

 긍정적인 마음을 가지면 작은 일에도 정성을 다하고 노력을 하게 돼요.
다른 사람의 말도 좋게 들으려 노력한다면 다툴 일이 없을 거예요.

色必思溫하며 貌必思恭하라.
색필사온   모필사공

얼굴빛은 반드시 온화하게 할 것을 생각하며
용모는 반드시 공손하게 할 것을 생각해야 한다.

 바르게 따라 써 보세요.

	얼	굴	빛	은		반	드	시		온	화	하	게
할		것	을		생	각	하	며		용	모	는		반
드	시		공	손	하	게		할		것	을		생	각
해	야		한	다	.								

 아래 칸에 맞춰 써 보세요.

얼굴빛은 반드시 온화하게 할 것을 생각하며
용모는 반드시 공손하게 할 것을 생각해야 한다.

 바른 마음을 가진 사람은 표정이나 태도에서도 그 마음가짐이 드러나요.
반대로 비뚤어진 마음을 가진 사람은 표정과 태도도 바르지 않을 때가 많답니다.

非禮勿視하며 非禮勿聽하라.
비례물시   비례물청

예가 아니면 보지 말고
예가 아니면 듣지 말아야 한다.

 바르게 따라 써 보세요.

예	가		아	니	면		보	지		말	고		예
가		아	니	면		듣	지		말	아	야		한	다.

 아래 칸에 맞춰 써 보세요.

예가 아니면 보지 말고
예가 아니면 듣지 말아야 한다.

 예의가 아닌 것은 보지도 말고 듣지도 말라는 뜻이에요.
예를 따르는 바른 삶을 강조한 말이랍니다.

非禮勿言하며 非禮勿動이니라.
비례물언   비례물동

예가 아니면 말하지 말고
예가 아니면 움직이지 말아야 한다.

 바르게 따라 써 보세요.

	예	가		아	니	면		말	하	지		말	고
예	가			아	니	면		움	직	이	지		말	아	야
한	다	.											

 아래 칸에 맞춰 써 보세요.

예가 아니면 말하지 말고
예가 아니면 움직이지 말아야 한다.

예의가 아니면 말하지 말고 행동하지도 말라는 뜻이에요.
예의를 지키면 친구와 형제끼리 다투는 일도 없을 거예요.

德業相勸하고 過失相規하라.
덕업상권   과실상규

덕을 쌓는 일은 서로 권하고
과실은 서로 바로잡아 주어야 한다.

 바르게 따라 써 보세요.

	덕	을		쌓	는		일	은		서	로		권	하
고		과	실	은		서	로		바	로	잡	아		주
어	야		한	다	.									

 아래 칸에 맞춰 써 보세요.

덕을 쌓는 일은 서로 권하고
과실은 서로 바로잡아 주어야 한다.

 우리 조상들은 덕을 쌓는 일은 서로에게 권하고
잘못한 일은 서로 타일러 바로잡아 주어야 한다는 말을 따르며 살았어요.

禮俗相交하고 患難相恤하라.
예속상교   환난상휼

예절과 풍속으로 서로 사귀고
어려운 일은 서로 도와야 한다.

 바르게 따라 써 보세요.

	예	절	과		풍	속	으	로		서	로		사	귀
고		어	려	운		일	은		서	로		도	와	야
한	다	.												

 아래 칸에 맞춰 써 보세요.

예절과 풍속으로 서로 사귀고
어려운 일은 서로 도와야 한다.

 사람을 사귈 때는 서로 예의를 지키고, 어려움을 당했을 때는 서로 도와야 한다는 말이에요.
보잘 것 없어 보이는 작은 도움이라도 어려운 사람에게는 큰 힘이 된답니다.

貧窮困厄에 親戚相救하라.
빈궁곤액　　　　　친척상구

가난과 재앙이 있을 때는
친척끼리 서로 도와야 한다.

 바르게 따라 써 보세요.

	가	난	과		재	앙	이		있	을		때	는	
친	척	끼	리		서	로		도	와	야		한	다	.

 아래 칸에 맞춰 써 보세요.

가난과 재앙이 있을 때는
친척끼리 서로 도와야 한다.

 주변에 가난과 재난 때문에 어려움에 빠진 사람이 있다면 도와줘야 해요.
모르는 사람끼리도 어려울 때 서로 돕는데, 친척끼리는 더욱 도우며 살아야 하지요.

行必正直하고 言則信實하라.
행필정직   언즉신실

행동은 반드시 바르고 곧게 하고
말은 믿음 있고 성실하게 해야 한다.

 바르게 따라 써 보세요.

	행	동	은		반	드	시		바	르	고		곧	게
하	고		말	은		믿	음		있	고		성	실	하
게		해	야		한	다	.							

 아래 칸에 맞춰 써 보세요.

행동은 반드시 바르고 곧게 하고
말은 믿음 있고 성실하게 해야 한다.

 말과 행동을 보면 그 사람이 어떤 사람인지 알 수 있어요.
그러니 말과 행동을 단정히 하기 위해 항상 노력해야 한답니다.

婚姻死喪에 隣保相助하라.
혼인사상　　　인보상조

혼인과 초상이 있을 때는
이웃끼리 서로 도와야 한다.

 바르게 따라 써 보세요.

혼	인	과		초	상	이		있	을		때	는
이	웃	끼	리		서	로		도	와	야		한	다	.

 아래 칸에 맞춰 써 보세요.

혼인과 초상이 있을 때는
이웃끼리 서로 도와야 한다.

 우리 조상들은 혼인이나 초상같이 집안에 큰일이 있을 때는 이웃끼리 발 벗고 나서서 도왔어요.
그래서 멀리 떨어져 있는 친척보다 가까운 이웃이 낫다는 말이 생겨났답니다.

修身齊家는 治國之本이니라.
수신제가   치국지본

자기 몸을 닦고 집안을 가지런히 하는 것이
나라를 다스리는 근본이다.

 바르게 따라 써 보세요.

자	기		몸	을		닦	고		집	안	을		가
지	런	히		하	는		것	이		나	라	를		다
스	리	는		근	본	이	다	.						

 아래 칸에 맞춰 써 보세요.

자기 몸을 닦고 집안을 가지런히 하는 것이
나라를 다스리는 근본이다.

 자기 자신을 변화시킬 수 있는 사람은 다른 사람도 변화시킬 수 있지요.
그래서 우선 제 몸을 바르게 한 뒤에 집안을 바로 세우고, 그다음에 나라를 다스리라고 했어요.

讀書勤儉은 起家之本이니라.
독서근검   기가지본

책을 읽으며 부지런하고 검소하게 사는 것이
집안을 일으키는 근본이다.

 바르게 따라 써 보세요.

	책	을		읽	으	며		부	지	런	하	고		검
소	하	게		사	는		것	이		집	안	을		일
으	키	는		근	본	이	다	.						

 아래 칸에 맞춰 써 보세요.

책을 읽으며 부지런하고 검소하게 사는 것이
집안을 일으키는 근본이다.

 책 속에는 내가 보지 못하고 듣지 못하고 알지 못하던 세상이 있어요.
책을 보면 자신의 꿈을 찾는 데에도 도움이 되고, 앞으로 어떻게 살아야 할지도 보인답니다.

지은이 키즈키즈 교육연구소

기획과 편집, 창작 활동을 전문으로 하는 유아동 교육연구소입니다.
어린이들이 건강한 생각을 키우고 올곧은 인성을 세우는 데 도움이 되는
교육 콘텐츠를 개발하고 있습니다. 즐기면서 배울 수 있는 프로그램 개발에도
힘쓰고 있으며, 단행본과 학습지 등 다양한 분야에서 활동하고 있습니다.

하루10분
사자소학
따라쓰기

중쇄 인쇄 | 2024년 2월 5일
중쇄 발행 | 2024년 2월 10일
지은이 | 키즈키즈 교육연구소
펴낸이 | 박수길
펴낸곳 | (주)도서출판 미래지식
기획 편집 | 이솔 · 김아롬
디자인 | design Ko

주소 | 경기도 고양시 덕양구 통일로 140 삼송테크노밸리 A동 3층 333호
전화 | 02)389-0152
팩스 | 02)389-0156
홈페이지 | www.miraejisig.co.kr
이메일 | miraejisig@naver.com
등록번호 | 제 2018-000205호

*이 책의 판권은 미래지식에 있습니다.
*값은 표지 뒷면에 표기되어 있습니다.
*잘못된 책은 구입하신 서점에서 바꾸어 드립니다.

ISBN 979-11-90107-48-8 64700
ISBN 979-11-90107-41-9 (세트)

*미래주니어는 미래지식의 어린이책 브랜드입니다.